LILO
UND DAS GEHEIMNIS DES EWIGEN GLÜCKS

1. Auflage September 2021
© 2021 Goldblatt Verlag, Lichtenrader Straße 10, 12049 Berlin

© Text: Nana Pure
www.nanapure.com
© Illustrationen: Jerry Drave
www.jerrydrave.com
Layout: Vacon Sartirani
Lektorat: Johanna Franz und Marvin Czerlinski

Bestellung dieses Buches:
www.goldblattverlag.de/shop (versandkostenfrei)
oder überall wo es Bücher gibt:
ISBN 978-3-948676-02-5

Dieses Buch ist auch als E-Book erhältlich:
ISBN 978-3-948676-12-4

Printed in Austria
Ökologisch nachhaltig von der Druckerei gugler* gedruckt
Cradle to Cradle zertifiziert

www.goldblattverlag.de
❶ @goldblattverlag
⊙ @marie_goldblattverlag

Kontakt:
kontakt@goldblattverlag.de

Inspirierender Newsletter:
www.goldblattverlag.de/newsletter

MIX
Papier aus verantwor-
tungsvollen Quellen
FSC
www.fsc.org   FSC® C005108

Cradle to Cradle Certified™Pureprint
innovated by gugler*
Gesund. Rückstandsfrei. Klimapositiv.
www.gugler.at

greenprint*
klimapositiv gedruckt

LILO

UND DAS GEHEIMNIS
DES EWIGEN GLÜCKS

Nana Pure   Jerry Drave

Für Mila Kiana, Keona Joy und Chris.

Für alle Kinder, die diese Welt zu einem
noch schöneren Ort machen.

Für alle Menschen, die Kinder achtsam
und liebevoll dabei begleiten,
ihr bestes Selbst zu leben.

Dieses Goldblatt-Buch gehört:

_____

Inhalt

Vorwort

Kinder kommen mit einer unglaublichen Offenheit und Neugier zur Welt. Schon von Geburt an profitieren sie von vielen wertvollen Fähigkeiten:
Sie haben einen starken Willen, viel Fantasie, eine ausgeprägte Intuition, eine schnelle Auffassungsgabe und eine bewundernswerte Flexibilität im Denken und im Handeln.
Die lebensfrohe Abenteuergeschichte *„Lilo und das Geheimnis des ewigen Glücks"* unterstützt Kinder dabei, diese Fähigkeiten zu bewahren, weiter auszubauen und ein glückliches Leben zu führen.

Viel Freude mit der mutigen Pandamaus Lilo wünscht

Marie Franz
Verlegerin vom Goldblatt Verlag

Das Abenteuer beginnt

Die Pandamaus Lilo war dafür bekannt,
dass sie immer wieder verrückte Ideen
hatte und sehr mutig war. Sie lebte in einer
zauberhaften Berglandschaft mit vielen

Flüssen und riesengroßen Wiesen, auf
denen sie toben und rennen konnte. Viele
Tiere sprachen über die ständige Entde-
ckerfreude, die unbändige Fantasie und
den Tatendrang von Lilo. Häufig ritt sie auf
dem weichen Rücken der Schafe, wenn

diese grasend über die Wiesen zogen. Während das Glockenläuten der goldenen Halsbänder vom Wind verweht wurde, berichtete Lilo den Schafen von ihren neuesten Entdeckungen.

Lilo war voller Energie. Sie rannte so schnell sie konnte mit den Feldhasen über die Wiesen und wurde jeden Tag schneller. Sie versteckte sich mit den Rehkitzen im hohen Gras und grub tiefe Höhlen, die sich so manches Mal mit den unterirdischen Gängen der Maulwürfe kreuzten. Lilo konnte sehr weit springen, weil sie es immer wieder übte und sprang häufig von einem Schafrücken zum nächsten, während die Bergschafe dabei genüsslich und gemächlich weiter ihr Gras kauten. Die Schafe genossen die temperament-volle Abwechslung in ihrem ruhigen

Alltag und Lilo war ih-
nen jederzeit willkom-
men.

Wenn am Abend die
Sterne am Himmel er-
strahlten und der Mond
seine allwissende Ruhe verbrei-
tete, ersann Lilo neue Ideen, wie sie noch
mehr Abenteuer erleben könnte. Sie
träumte davon, noch viele weitere Orte
kennenzulernen, mit Delfinen zu schwimmen, Wüstenlandschaften zu erkunden und
goldene Schätze zu finden. Sie stellte sich
vor auf Reisen zu gehen und viele neue
Freunde zu finden, mit denen sie sich
verbunden fühlen würde.

Wie es wohl wäre, dem Gesang der Delfine
und Wale zu lauschen und dabei über das
weite, glitzernde Meer zu blicken? Lilo
spürte das innige Verlangen, viele Geheimnisse des Lebens zu lüften und für immer
ein freies und glückliches Leben zu leben.

Wenn sie sah, wie sich manche Tiere abrackerten und dabei grimmig, ängstlich oder traurig aussahen, wurde ihr schwer ums Herz, denn sie mochte diese Tiere so sehr. Lilo nahm wahr, wie schwer sich diese Tiere ihr Leben machten, ohne es selbst zu bemerken. Dabei hatten sie einfach nur vergessen, glückliche Gedanken zu denken! Sie waren so beschäftigt mit ihren täglichen Aufgaben, dass sie ganz verga-

ßen Spaß zu haben und darüber nachzu-
denken, was ihnen Freude bereitete und
was sie erleben wollten. Lilo nannte sie
liebevoll „Grummeltiere". Sie wollte ihnen
so gern dabei helfen, wieder voller Energie,
Freude und Leichtigkeit ihr Leben zu
gestalten. Eigentlich war es nämlich ganz
einfach, die Gewohnheit des Grummelns
wieder loszulassen und ein glückliches
Leben zu erschaffen, da war sich Lilo sicher.

Die Grummeltiere schienen das
im Laufe ihres Lebens vergessen zu haben. „Aber
wenn wir etwas vergessen
haben, können wir uns
wieder erinnern, das ist
das Gute daran!",
schmunzelte Lilo.

In Lilo wuchs der Wunsch,
sich auf eine große und

abenteuerliche Reise
zu begeben, um dabei so viel
wie möglich über das Geheimnis des
ewigen Glücks herauszufinden. Sie spürte,
dass dies nicht nur für ihr eigenes Leben,
sondern auch für das Leben von ganz vielen
anderen Tieren wichtig sein würde.
So wurde aus Lilos Herzenswunsch eine
Mission! Ihr Traum sollte endlich Wirklich-
keit werden. Sie entschied sich, bereits am
nächsten Morgen loszuziehen.
In dieser Nacht fühlte sie sich so kribbelig,
dass sie kaum schlafen konnte. Sie wälzte
sich von einer Seite zur anderen und konnte
es kaum abwarten, dass der Morgen däm-

merte.

Als es hell wurde, sprang sie
aus ihrem kuscheligen Nest, flitzte den
Gang ihrer Höhle hinauf ans Tageslicht und
rief in die kühle Morgenluft: „Ich habe eine
Mission und ich werde erst wieder nach
Hause kommen, wenn ich sie erfüllt
habe!" Die Schafe hoben verdutzt
den Kopf: „Was hast du denn
vor?", fragten sie.

„Das ist mein Geheimnis", antwortete Lilo lächelnd und ver-
traute ihrer Intuition, den Schafen
in diesem Moment nicht mehr darüber zu erzählen.

Denn eine Mission ist zunächst nur für einen selbst sichtbar und braucht viel Pflege und Aufmerksamkeit. Und es ist ratsam, sie – wenn überhaupt – nur jemandem anzuvertrauen, der einen bedingungslos unterstützt.

Lilo verwischte alle Spuren rund um ihre geliebte Höhle, um sie vor Eindringlingen zu schützen. Sie wirbelte den Sand mit ihren schnellen Pfoten auf und gab alles, um ihr Zuhause bestmöglich zu verbergen. Dann machte sie sich auf den Weg.

Doch schon nach wenigen Metern fragte sie sich plötzlich: „Wo muss ich denn überhaupt hingehen? Ich will das Geheimnis des ewigen Glücks lüften – aber wo finde ich es? Ich bräuchte jetzt einen Kompass, der mir immer den Weg zeigt, wenn ich gerade nicht weiter weiß…"

Ihr kam eine Idee: „Was meinst du, mein liebes Herz? Möchtest du mein Kompass sein? Schließlich bist du so weise und erhältst meinen Körper in jedem Moment am Leben. Bestimmt kennst du viele Wege, die sonst niemand kennt." Sie erinnerte sich daran, dass sie früher schon immer mal wieder in ihrem Herzen gefühlt hatte, ob sie etwas tun sollte oder nicht. „Okay! Ich ernenne dich hiermit zum Anführer meiner Reise. Führe mich zum Geheimnis des ewigen Glücks!", sagte Lilo liebevoll und fröhlich.

Ihr Herz pochte sanft und zustimmend.

Der Ort, an dem man Gedanken hören kann

„So, mein liebes Herz. Wo geht es jetzt lang?" Lilo blickte über die weite Berglandschaft. Etwas erweckte ihre Aufmerksamkeit. In der Ferne sah sie etwas blitzen und blinken. Es war fast so, als würde eine riesige Schatztruhe geöffnet oder als wolle die Sonne ihr zuwinken und sagen: „Komm hierher!"

„Was meinst du, Herz?", Lilo fühlte ein aufgeregtes Pochen, das sich gleichzeitig freudig anfühlte. Also lief sie dem Lichtfunkeln entgegen und spürte eine erwartungsvolle Aufregung in sich. „Was für ein Abenteuer!", sagte sie zu sich selbst und spürte ihr Herz schneller schlagen.

Sie lief durch hohes Gras, das weit über sie hinausragte. Deshalb musste sie immer wieder hochspringen und auf große Steine

klettern, um zu sehen, ob sie in die richtige Richtung lief. Je näher sie dem Funkeln kam, desto beweglicher schien der Boden unter ihren Füßen zu werden. Es war, als bewegte sich die Erde unter ihr.

Schließlich erreichte Lilo eine Steppenlandschaft, in der nur noch kurzes Gras wuchs. Vor ihr erstreckte sich ein weites Tal mit einem knorrigen Baum. In der Mitte des Tals erstrahlte hell und leuchtend ein riesiges Tor. Es war reich verziert mit geheimnisvollen Schnitzereien und aus seiner Mitte

schien ein weiß-silbernes, erfri-
schendes Licht. Sie traute ihren
Augen kaum. „Was ist denn das?
So etwas hab ich ja noch nie
gesehen." Lilo rieb ihre Augen
und näherte sich langsam dem
Tor.

„Vertraue", hörte sie ihr Innerstes
sagen. Seltsamerweise lachte ihr
Herz und fühlte sich fröhlich und
abenteuerlustig an, also ging sie
weiter. Es war, als würden die
Wolken am Himmel immer
schneller an ihr vorbeiziehen.
Auch die Zeit schien schneller zu
vergehen, als Lilo es gewohnt
war. „WOW… das ist ja spannend", bemerkte sie neugierig.
„Was sich wohl hinter diesem
wunderschönen Tor verbirgt?"
Lilo näherte sich ihm weiter und
als sie schließlich direkt davor

stand, genoss sie das weiß-silberne Licht, das jetzt um sie herum leuchtete. Es blitzte und blinkte, kitzelte sanft auf ihrer Haut und fühlte sich an, als würde es sogar in ihrem Inneren weiter leuchten. Lilo ging noch ein paar Schritte weiter und fühlte sich sehr geborgen und ruhig. Sie wusste, dass sie genau am richtigen Ort war.

Sie schloss die Augen und atmete tief ein: „Ich weiß zwar nicht, was es damit auf sich hat, aber offensichtlich soll ich durch dieses Tor hindurchgehen. Denn sonst wäre mein Herz nicht so fröhlich und entspannt."

Lilo nahm ein paar weitere Atemzüge und tastete sich vorsichtig mit ihrer Nase vor, um zu erfahren, wie es dort weiter-

ging. Sie schnüffelte sich durch den weißen Nebel hindurch und nahm einen vollkommen neuen, fruchtig-erfrischenden Geruch wahr, den sie noch nie zuvor gerochen hatte.

Lilo nahm all ihren Mut zusammen und sprang in hohem Bogen durch das große Tor hindurch…

Sie landete weich in einem Kissen aus Gras, Kräutern und Blumen. Lilo blinzelte ins Sonnenlicht und genoss den neuen Geruch. Es roch nach wilden Kräutern, Zitronen, Orangen und nach purem Leben. Bunte Vögel zwitscherten laut und flogen in großen Schwärmen an ihr vorbei. Sie malten mit ihren akrobatischen Luftkünsten wunderschöne Bilder in den Himmel und flogen ganz nah um Lilo herum, als wollten sie ihr damit ein Willkommensgeschenk machen.

Lilo staunte! Sie ließ ihren Blick weiter

schweifen und sah
in einiger Entfernung
große Palmen, saftig
grüne Wälder und eine
geheimnisvolle Vielfalt an
Pflanzen, die sie noch nie in
ihrem Leben gesehen
hatte. Sie sah Oran-
genbäume, Zitronen-
bäume und sogar ein
paar Bananenbäume.

Lilo war so beeindruckt von all den neuen
Eindrücken der Umgebung, den Pflanzen,
Tieren, Gerüchen und Klängen, dass sie
sich erst einmal ins Gras setzte und alles auf
sich wirken ließ.

Sie schaute sich um und beobachtete
wieder die bunte Farbenpracht der Vögel,
die um sie herum flogen. Nach einer Weile
entspannte sie sich immer mehr, schloss
ihre Augen, atmete noch einmal die frische,
fruchtige Luft ein und fühlte sich wie im

Paradies. „Offensichtlich bin ich in einer neuen Welt gelandet. Ob das wohl etwas mit meiner Mission zu tun hat?", überlegte sie. „In der Tat", sagte eine freche, fröhliche Stimme. Lilo blickte zur Seite und sah plötzlich ein braunes Äffchen neben sich im Gras sitzen. Das Äffchen fuhr fort: „Ich habe gehört, dort, wo du herkommst, könnt ihr die Gedanken voneinander erfühlen und erahnen. Hab ich recht? Hier, wo ich wohne, können wir Gedanken hören. Wir brauchen gar nicht mehr sprechen, um miteinander zu kommunizieren. Wir können einfach

alles den-
ken. Ich bin übrigens
Coco", sagte das Äffchen und
grinste.

„Kann ich das jetzt auch?", fragte Lilo und
vergaß ganz, sich vorzustellen. „Lass es uns
doch mal ausprobieren", dachte Coco
und… tatsächlich! Lilo konnte ihn denken
hören. Es hörte sich etwas dumpfer und
weicher an als gesprochene Worte, aber
dennoch verstand Lilo alles klar und
deutlich.

„Du kannst vermutlich sogar die Gedanken
von Tieren hören, die gerade ganz weit weg
sind. Zumindest geht es mir so. Denk mal an
einen Freund von dir, den du von zuhause
kennst."

Lilo wurde ganz aufgeregt und dachte an
ihre gute Freundin Wendy. Sie war eine
liebevolle Wühlmaus, mit der Lilo besonders gern spielte. In dem Moment, in dem
sie an Wendy dachte, hörte sie ihre Stimme:

„Soll ich Amina zum Spielen einladen? Oder lieber nicht? Vielleicht mag sie mich gar nicht und will nichts mit mir zu tun haben. Och, ich vermisse Lilo so... bestimmt hätte sie jetzt einen guten Rat für mich... was soll ich nur tun... ich trau mich einfach nicht."

„Ich kann Wendys Gedanken hören!", rief Lilo aufgeregt. „Sie scheint sehr unentschlossen zu sein."

Coco grinste. „Jetzt gilt es für dich, den Fokus zu bewahren und ausschließlich an das zu denken, was du als nächstes erleben willst. Denn angenommen, du würdest wahllos an viele verschiedene Tiere aus deiner Vergangenheit denken, dann wäre vermutlich sehr viel Unwohlsein in dir. Du würdest dann all die Gedanken dieser verschiedenen Tiere durcheinander hören. Und meiner Erfahrung nach ist das ganz schön anstrengend… wie du gerade schon

bemerkt hast. Da ist so viel Unentschlossen-
heit und Zweifel, weil viele verlernt haben,
klar zu denken. Wenn Tiere unklare und
unentschlossene Gedanken haben, dann
verhalten sie sich auch so – **zum Glück
können wir selbst entscheiden, was wir
denken. Wenn wir klar denken, werden wir
klar handeln und ein sehr glückliches
Leben leben.**
Genieße die Gefühle, die von deinen
Gedanken ausgelöst werden, wenn du an
das denkst, was du in deinem Leben
erschaffen willst… Es macht so viel Spaß,
diese Gefühle zu fühlen! Erinnere dich
immer daran: **Deine Gedankenbilder
führen dich durchs Leben, weil dich dein
Körper immer dahin lenkt,
wo deine Gedanken sind.**
Wenn du dir fröhlich und
dankbar vorstellst und
vielleicht sogar mit ei-
nem Stock in den Sand

schreibst, was genau du erleben willst, wirst du vom Leben Ideen und Hinweise bekommen, um es schnellstmöglich zu erreichen. Manchmal wird das sehr schnell gehen, manchmal länger dauern – so wie auch Bananen, Kokosnüsse und Mangos unterschiedlich lange brauchen, bis sie reif sind. Dass wir uns jetzt kennengelernt haben, hat damit zu tun, dass du das Verlangen hattest, das Geheimnis des ewigen Glücks zu lüften. Du hast es zuvor in deinen Gedanken gesehen und jetzt befindest du dich auf dieser wunderbaren Reise. Und wenn du mal ein Problem hast, dann frage dich einfach in Gedanken so schnell wie möglich nach der Lösung. Du wirst überrascht sein, was dir daraufhin einfällt. Dass es ein Problem gibt, bedeutet, dass es auch die Lösung dafür gibt und sobald du danach fragst, zeigt sie sich dir. Ansonsten hab einfach dein Ziel vor Augen, vertraue deinem Herzen und geh mutig voran."

Coco lächelte.

Lilo flüsterte leise und erstaunt: „WOW! Das klingt spannend – das werde ich ausprobieren!" Sie schauten einander in die Augen und lachten laut auf.

„Komm, ich zeig dir meine Welt!", dachte Coco und winkte Lilo einladend zu. „Wie heißt du eigentlich?", fragte er. „Lilo", antwortete sie in Gedanken und folgte ihm. Dann sprangen die beiden durch die saftiggrünen Büsche in Richtung eines nahegelegenen Flusses. „Hast du Lust auf eine Abkühlung?", dachte Coco und rannte auf eine Liane zu, die über dem Wasser hing. Er wickelte geschickt seinen langen, geschmeidigen Affenschwanz um die Liane und ließ sich kopfüber hinunter baumeln, sodass seine Hände verspielt im Wasser planschten. „Dies ist bestes Quellwasser. Es kommt von einer Quelle ganz oben in den Bergen", dachte er und nahm einen großen

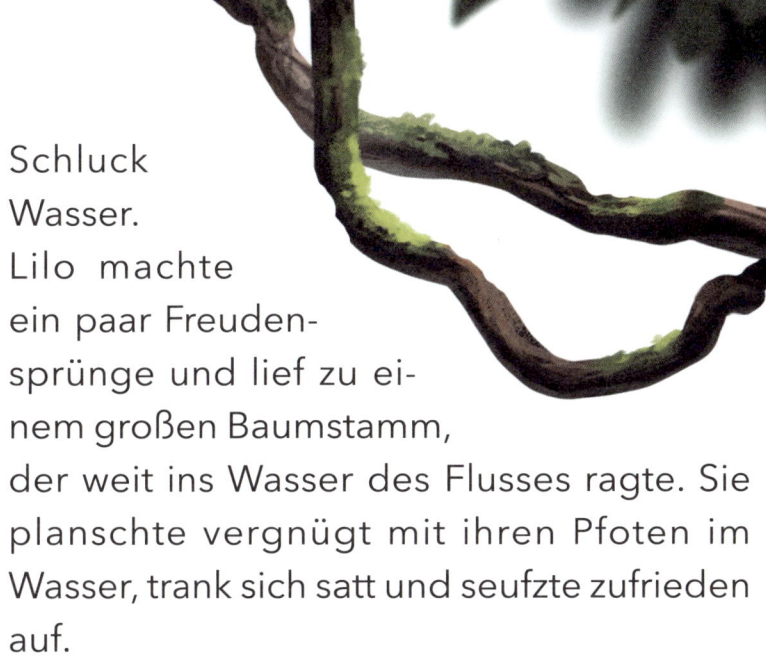

Schluck
Wasser.
Lilo machte
ein paar Freuden-
sprünge und lief zu ei-
nem großen Baumstamm,
der weit ins Wasser des Flusses ragte. Sie
planschte vergnügt mit ihren Pfoten im
Wasser, trank sich satt und seufzte zufrieden
auf.

Eine gefährliche Begegnung

„Das ist ja fast wie im Paradies hier", dachte Lilo und beobachtete Coco dabei, wie er akrobatische Höchstleistungen an der Liane vollbrachte.

Coco nickte lachend.

„Ich zeige dir jetzt, wo du immer etwas Leckeres zu essen findest und dann wird es Zeit, dass du dich weiter auf den Weg machst, um deine Mission zu erfüllen", antwortete Coco in seinen Gedanken und sah sie verheißungsvoll an. „Nur dadurch, dass du den sehr starken Willen hast, das Geheimnis des ewigen Glücks zu finden, kannst du jetzt überhaupt hier sein. Das Tor, durch das du gegangen bist, war nur für dich sichtbar und es war dein Tor, um deine Mission zu erfüllen. Das hast du super gemacht!", dachte Coco und lächelte voller Anerkennung.

Lilo spürte, dass er recht hatte und freute

sich. „Also dann! Ich bin ausgeruht, erfrischt und bereit weiterzuziehen."

„Wann auch immer du Hunger hast, schau nach oben. Die meisten Früchte und Nüsse wachsen hier an den Bäumen oder an Büschen. Es gibt Bananen und Orangen, Himbeeren und Brombeeren, Ananas und Mangos, Kokosnüsse und Cashewfrüchte und noch viel, viel mehr. Immer der Nase nach. Es ist wie im Schlemmerparadies", zwinkerte Coco. „Und du wirst immer, wenn dir danach ist, einen Reichtum an Früchten finden."

Lilo konnte es kaum erwarten. Sie winkte ihrem neuen Freund zum Abschied und rannte los. Lilo flitzte geschickt durch stachelige Himbeersträucher, sprang über große Baumwurzeln und lief durch wunderschöne Wiesen. Als es dämmerte, kuschelte sie sich unter die großen Wurzeln eines hohen Baumes und beobachtete den Mond, der in voller

Pracht am Himmel strahlte. Er schien zu lächeln und warmherzig auf sie hinabzusehen.

Auf einmal verspürte Lilo Heimweh. Sie dachte an ihr Zuhause und an all ihre guten Freunde. Sie dachte an die Gesellschaft der Schafe, an die Rehkitze und an ihre Mäusefamilie. Sie wünschte sich plötzlich sehr, bei ihnen zu sein – da hörte sie auf einmal all die Stimmen ihrer Freunde, Verwandten und Bekannten wild durcheinander schwatzen. Es war ein riesiger Tumult aus Gedankenfetzen: „Mann, schmecken die Butterblumen hier gut... Ich krieg dich!... Ich wünschte, ich dürfte länger wach bleiben... Ich kann das nicht... Ich trau mich nicht... Ha, ich bin der Größte!... Hier wirst du mich niemals finden... Wo sind die Regenwürmer?... Oh,

ist das ku-
schelig hier…"
„Uiuiui", dachte Lilo.
„Da gehts ja ganz
schön ab!" All die
Gedanken dieser Tie-
re dröhnten in ihrem Kopf. Sie wollte
sich schon die Ohren zuhalten und sich
tiefer unter die Baumwurzeln verkriechen,
als ihr etwas einfiel:
„Wie war das noch? Was hatte Coco mir
geraten? Ich soll den Fokus bewahren und
an das denken, was ich gern erleben will.
Okay, dann also los: Ich sehe mich mit
gefüllten Taschen und sehr guten Freunden
nach Hause zurückkehren, nachdem ich das
Geheimnis des ewigen Glücks gelüftet
habe. Es fühlt sich so gut an! Es macht so
fröhlich-prickelnde Gefühle in meinem Herzen und in meinem Bauch…"
Lilo schloss genussvoll ihre Augen: „Ich
sehe, wie immer mehr Tiere glücklicher,

freudiger und entspannter werden. Ich sehe immer mehr Tiere von weit her kommen, damit ich ihnen von den Geheimnissen des Lebens erzählen kann. Und ich sehe, dass sich die Tiere auf der ganzen Erde mehr und mehr daran erinnern, wie wertvoll sie sind und warum sie auf dieser Welt sind. Ich sehe mich, wie ich jeden Tag eine wichtige, spannende Mission habe. Meine Tage sind so schön und aufregend, dass ich immer glücklicher werde und immer mehr dazulerne. Ich kann an jeden Ort dieser Welt reisen, weil ich überall wundervolle Freunde habe und überall willkommen bin. Ich weiß, dass ich alles lernen kann und ich tue das, was mir Freude macht. Das ist so wunderschön!" Es kribbelte vor Glück in Lilos

ganzem Körper und sie strampelte fröhlich mit ihren Füßen, während sie strahlte und in den glitzernden Sternenhimmel schaute.

Ihr Herz pochte dankbar und fröhlich und sie fühlte sich so frei wie noch nie zuvor.

Lilo ließ all ihre inneren Bilder in ihren Gedanken wie in einem Film ablaufen und bemerkte freudig, dass sie sogar die Farben darin verändern konnte. Lilo stellte sich vor, dass sie ein paar coole Drehknöpfe vor sich hatte, mit denen sie die Farben der inneren Bilder noch strahlender machen konnte. Sogar Spezialeffekte, wie zum Beispiel Geräusche, konnte sie hinzufügen. Das war ein Spaß! Dies machte die Gefühle, die sie dabei fühlte, sogar noch intensiver.

Vor ihrem inneren Auge formte sich ein Bild, in dem sie auf einem großen, gelben Schmetterling saß und auf ihm durch die Lüfte einer wunderschönen Regenwald-Landschaft flog. Sie fühlte schon den warmen Wind an ihren Wangen vorbeirauschen und den weichen, samtigen Rücken des Schmetterlings unter ihren Händen. Sie fühlte ihre Freunde neben sich sitzen, während sie gemeinsam auf dem großen Schmetterling durch die Luft flogen. Sie hörte die Vögel des Regenwaldes zwitschern und den Wind rauschen und drehte erneut an einem ihrer inneren Drehknöpfe. Plötzlich leuchteten die Farben der Bilder noch mehr. Lilo atmete tief und zufrieden ein und aus, als sie all das sah. Dann drehte sie an einem anderen Knopf und auf einmal glitzerte alles ganz bunt. Lilo lachte laut und entzückt auf.

Sie spielte noch eine ganze Weile an ihren erdachten Drehknöpfen herum und erfreute sich an den schönen Veränderungen der Bilder und den lustigen Gefühlen, die dadurch in ihr entstanden.

Sie entdeckte sogar einen Knopf, mit dem sie die Bilder größer machen konnte, um sie noch mehr zu genießen. Jetzt wurde es so real, als würde sie es gerade echt erleben. „Hier ist ja wirklich alles möglich", staunte sie und kicherte fröhlich.

Mit diesem Gefühl legte sie ihren Kopf zwischen ihren Pfoten ab und schlief mit einem tiefen, zufriedenen Seufzer ein.

Kurz nach
dem Morgengrau-
en hörte sie ein selt-
sames Geräusch. Ein
plötzliches, durchdringendes Brüllen zerriss die morgendliche Stille. Die Vögel in den Bäumen flatterten erschrocken
auf und die Affen begannen nervös zu
zetern und in den Ästen der großen Bäume
umherzuspringen.

Lilo lief ein kalter Schauer über den Rücken.
Was war denn das? Sie vergrub sich noch
etwas tiefer unter den Baumwurzeln und
spitzte ängstlich die Ohren. Es war nun
wieder ganz still, aber es lag eine unheilvol-
le Spannung in der Luft.

„Oje! Was mache ich denn nur? Was war
das für ein Geräusch?"

Lilo wollte sich so schnell wie möglich in
Sicherheit bringen und sah drei Möglichkeiten:

Entweder sie
kletterte auf einen
Baum, oder sie grub ein
Loch in die Erde, um darin
Schutz zu finden, oder sie
beobachtete erst einmal
wie die anderen Tiere mit dem Brüllen
umgingen und blieb wo sie war.
Sie entschied sich für Letzteres.
Nach einiger Zeit beruhigten sich die Affen
in den Bäumen wieder, die Vögel begannen wieder zu singen und die Stimmung in
der Luft entspannte sich.
Lilo schüttelte sich kräftig, um den Schock,
der ihr noch immer in den Gliedern saß,
loszulassen. Sie badete sich in einer nahegelegenen Pfütze und genoss die Sonnen-
strahlen, die von oben durch die Baumkro-
nen schienen.
Dennoch war sie in Alarmbereitschaft, denn
das Brüllen, das sie kurz zuvor gehört hatte,

klang
nach einem
großen Raub-
tier. Und irgend-
wie hatte sie das Bauch-
gefühl, dass dieses Tier zu
ihr wollte. Vielleicht war dies die größte
Herausforderung, der sie sich jemals
gestellt hatte.

Sie atmete tief ein und sagte zu sich selbst:
„Ich schaffe das! Ich glaube an mich!" Auch
wenn ihre kleinen Krallen vor Angst zu
zittern begannen, tat es gut, diese bestär-
kenden Worte zu sagen und zu hören. Lilo
wünschte sich insgeheim, sie würde von
einem guten Freund Verstärkung bekommen und rief in Gedanken nach Coco.

Plötzlich roch sie einen intensiven, unange-
nehmen Geruch. Es roch wie der Atem
einer großen, gefährlichen Raubkatze. Da
sie aber weit und breit nichts dergleichen
sehen konnte und so angespannt war, dass

sie es kaum aushielt, lief sie einen schmalen Pfad entlang, um ihre Muskeln zu lockern und wieder klar denken zu können. Sie pflückte ein paar Brombeeren und stellte sich vor, wie sie mit dem Geheimnis des ewigen Glücks nach Hause kam.

Auf einmal hörte sie Coco, der über ihr auf einem Ast saß, angsterfüllt rufen: „LILO! DREH DICH UM! SOFORT!" Sie fuhr augenblicklich herum und erstarrte.

Sie blickte mitten in die wilden Augen eines großen, mächtigen Löwen, der sich an sie herangepirscht hatte.

Er fixierte sie mit seinem durchdringenden Blick und kam Schritt für Schritt immer näher, wobei sein Schwanz sich langsam und geschmeidig bewegte. Dann setzte er zum Sprung an und verharrte regungslos.

Lilo wusste, dass er gleich versuchen würde, sie zu fangen.

Gerade wollte sie sich umdrehen und um ihr Leben rennen, doch da sagte eine Stimme in ihrem Inneren bestimmt und klar: **„Schaue dem Ursprung deiner Angst in die Augen und stelle dich ihm."**
Lilo nahm all ihren Mut zusammen und schaute dem Löwen direkt und entschlossen in die Augen. Zu ihrem Erstaunen bemerkte sie, dass der Löwe daraufhin einen Schritt zurückwich. Sie hielt den Blickkontakt mit diesem riesigen Raubtier weiter, obwohl ihr Herz so laut pochte, dass es wahrscheinlich im ganzen Regenwald zu hören war. Je länger und intensiver sie ihn anstarrte, während sie sogar einige Schritte auf ihn zuging, desto weiter wich er zurück. Nach ewig langen Minuten des entschlossenen Starrens jaulte der Löwe plötzlich auf, zog den Schwanz ein und verschwand rückwärts im Dickicht.
Lilo sank zitternd ins Gras. Ihr liefen Tränen der Erleichterung übers Ge-

sicht und sie schluchzte laut auf. Hatte sie gerade wirklich einen Löwen mit der Kraft ihres Willens und ihrer Ausdauer in die Flucht geschlagen? Sie, die Pandamaus, hatte einen erwachsenen, riesengroßen und angriffslustigen Löwen dazu gebracht, zurückzuweichen und kurz darauf jaulend davonzurennen.

Allein mit ihrem felsenfesten Willen, ihrem Glauben an sich und dem unerschütterlichen Vertrauen in ihre innere Stimme, hatte sie die bis dahin vielleicht größte Herausforderung ihres Lebens gemeistert.

Und dies hatte nur passieren können, weil sie dem Ursprung ihrer Angst ins Auge geblickt hatte! Trotz Todesangst und obwohl es eigentlich unlogisch schien, hatte sie auf die Stimme in ihrem Inneren gehört und dies hatte ihr vermutlich das Leben gerettet. Sie zitterte noch immer ein bisschen, spürte aber nach einiger Zeit, wie eine Stärke in ihr aufstieg, die sie noch nie zuvor gefühlt hatte.

Sie atmete tief ein… und tief aus… und wieder tief ein und fühlte sich so sicher wie noch nie. Sie war frei, voller Energie und bereit für das nächste Abenteuer! Sie war so konzentriert auf ihre Mission, dass sie sofort weiter vorangehen wollte. Neugierig fühlte sie in ihr Herz hinein. Wo es sie wohl jetzt hinführen würde?

Ihr Herz gab ihr zu verstehen, dass sie noch etwas entdecken musste, bevor sie weiter-gehen konnte. Lilo sah sich um.

Als sie ihren Blick über den Boden wandern ließ, fiel ihr etwas auf. Etwas, das geheimnisvoll im Son-nenlicht blitzte, erweckte ihre Aufmerksamkeit. Lilo ging näher heran und sah genau an der Stelle, wo der Löwe gestanden hatte, ein Stück seiner Kralle liegen.

Anscheinend war er beim Wegspringen an einem Ast oder einer Baumwurzel hängen geblieben. Dieser Teil seiner Kralle war genauso groß wie Lilo selbst und sehr schwer. Sie schauderte.

„Coco, würdest du diese Kralle irgendwo für mich aufbewahren? Vielleicht brauche ich sie später noch."

„Zu deinen Diensten", dachte Coco ehrfürchtig. „Ich gebe gut auf sie Acht."

Er kam angelaufen, band eine Liane um die Löwenkralle und verschwand mit ihr hoch oben zwischen den Ästen.

„Gut, dass die Kralle nachwächst und dem Löwen in ein paar Wochen wieder komplett zur Verfügung steht", dachte Lilo. „Es ist ja genauso wie bei meiner eigenen Kralle. Die wächst ja auch immer wieder nach, wenn ich sie abgewetzt habe." Lilo schmunzelte.

Der gelbe Riese

„Was meinst du, Herz? Bereit für das nächste Abenteuer?" Lilos Herz pochte zustimmend und fühlte sich sehr freudig an.

„Wo gehts lang?", fragte sie es voller Neugier.

Lilo hatte plötzlich große Lust auf eine Flussfahrt. Sie erinnerte sich an den wundervollen Fluss, in dem sie mit Coco geplantscht hatte und fragte sich, ob er wohl in der Nähe sei. Sie spitzte ihre Ohren, um eventuell das Wasserrauschen zu hören und rannte los. Der Regenwald schien plötzlich in heller Aufruhr. Sie sah Papageien, die wild mit ihren Flügeln schlugen und fröhlich um sie herumflogen. Sie sah viele Affen, die hoch oben in den Bäumen umhersprangen und sie lautstark begleiteten. Lilo sah sogar aus ihren Augenwinkeln heraus einige Kaninchen und Mäuse, die in die gleiche Richtung rannten wie sie.

„Vielleicht feiern sie meinen Mut", dachte Lilo und ließ den Gedanken dann gleich wieder los, weil sie das gemeinsame Rennen so sehr genoss. All diese Tiere rannten, flogen und kletterten mit ihr zusammen durch den Regenwald in Richtung Fluss. Lilo fühlte sich von einer großen Schar guter Freunde umgeben und rannte vor lauter Freude noch schneller, bis sie endlich leises Wasserrauschen vernahm. Das verspielte Plätschern des Flusses wurde immer lauter, je näher sie ihm kam.

Nach kurzer Zeit sah sie auf ihrer rechten Seite die blaue Farbe des Wassers durch die Bäume blitzen und wusste, dass sie angekommen war. Sie sah ein paar gelbe Zitronenfalter, die miteinander spielten und in Richtung des Wassers flogen. Lilo folgte ihnen.

Die Schmetterlinge führten sie an eine geheimnisvolle Stelle am Ufer, an der ein großer, knorriger Baumstamm lag. „Der ist ja wie für mich gemacht und hat so viel Platz, dass ich es mir so richtig gemütlich darauf machen kann", rief Lilo glücklich. Sie konnte es gar nicht erwarten, endlich aufzusteigen und den Fluss entlang zu treiben. Ehe sie sichs versah, kamen ein paar Äffchen aus den Bäumen geklettert und ein paar Mäuse angelaufen und halfen ihr, den mächtigen Baumstamm ins Wasser zu schieben. Mit vereinten Kräften schafften sie es nach einiger Zeit tatsächlich, ihn ins Wasser gleiten zu lassen. Die Zitronenfalter verteilten sich auf dem Baumstamm und Lilo saß wie eine Königin inmitten dieser bezaubernden, zarten Tiere, die geräuschlos mit ihren Flügeln schlugen.

„Darf ich dich begleiten?", fragte plötzlich eine kecke, kraftvolle Stimme. Lilo schaute zur Seite und sah einen

Mäuserich, der lustige, unbekannte
Gefühle in ihr auslöste. „Klar!", antwortete
sie, „Du darfst mitkommen, wenn du mir
beim Lenken hilfst!"
Der Mäuserich antwortete: „Das mache ich
gern! Ich freue mich, mit dir den Fluss zu
erkunden! Ich heiße übrigens Anton."
Einen kühnen Sprung später saß er hinter
Lilo und die Fahrt konnte beginnen.
Als die beiden vom Strom des Flusses sanft
mitgenommen wurden, kamen immer mehr
zitronengelbe Schmetterlinge angeflogen,
die sich behutsam um sie herum setzten.
Lilo und ihr neuer Begleiter bewunderten
diese zarten und doch kraftvollen Tierchen,
die so eine Lebensfreude und Leichtigkeit
ausstrahlten. Lilo strahlte auch. Was für ein
wunderschöner Anblick!
Die Schmetterlinge bewegten sanft ihre
kleinen Flügelchen und ließen sich von der
Sonne wärmen. Und es wurden immer
mehr! Eine immer größere Schar dieser

gelben Glücksboten
flog verspielt um sie
herum. Die Schmet-
terlinge tanzten mit-
einander über dem
Wasser, bis die bei-
den Mäuse nach kur-
zer Zeit von einem
gelben Schmetter-
lingsmeer umgeben
waren.

Es war, als stünde die Zeit still. „Wow, was für ein Anblick!", staunte Lilo. Sie hatte einen Schmetterling auf ihrer Nase sitzen, einen auf ihrem linken Ohr, einen auf ihrer rechten Schulter und auch der Mäuserich hinter ihr war voller Schmetterlinge. Sie lachten beide laut auf und genossen die Wärme der Sonne und die Gemeinschaft mit diesen zauberhaften, sanften Tierchen.

„Das ist Leben!", seufzte Lilo und strahlte übers ganze Gesicht. Sie lehnte sich an Antons Schulter – der Mäuserich sah sie verträumt an und nickte zustimmend. Als er wenig später den Kopf hob, rief er plötzlich aufgeregt: „Schau mal! Da will dir jemand ein Geschenk bringen." Er zeigte in den Himmel.

Lilo hob ihren Blick und schaute in die Richtung, in die Anton gezeigt hatte. Dort sah sie einen riesengroßen, gelben Schmetterling, der geradewegs auf sie zugeflogen kam. Er kam immer näher und landete schließlich geschmeidig direkt vor ihr auf dem Baumstamm. Behutsam legte er ihr etwas Kleines, Funkelndes in ihre geöffneten Pfoten. Es war ein wunderschöner Kristall, der an einem dünnen, goldenen Band befestigt war.

Lilo schaute erstaunt und vollkommen fasziniert auf den funkelnden Kristall in ihren Pfoten. Er war klein, schwer und leuchtete auf wundersame Weise, wenn sich das Sonnenlicht darin spiegelte. Sie ließ die Schönheit des Kristalls auf sich wirken und auch Anton reckte seinen Hals neugierig, um ihn sehen zu können. „Trage ihn um deinen Hals", sagte der große Schmetterling, „und fühle dabei das Licht in deinem Herzen. Wenn du diesen Kristall trägst, nimmt er all die Informationen auf, die du während deiner Reise sammelst, all deine Erfahrungen und all die Weisheit. Du kannst das Geheimnis des ewigen Glücks noch leichter an andere Tiere weitergeben und dich auch selbst daran erinnern, wenn du diesen Kristall mit deinen Pfoten berührst." Der Schmetterling schwang sich wieder in die Lüfte und rief zum Abschied: „Eine Etappe liegt noch vor dir, bevor du

dich wieder auf den Nachhauseweg begeben wirst."

Lilo saß jetzt aufrechter als zuvor auf ihrem
Baumstamm, legte den Kristall andächtig
um ihren Hals und ließ die Worte nachwir-
ken. Sie war nun bereit für die nächste
Station ihrer Reise.

Das geheimnisvolle Tier
mit der Krone

Anton und Lilo waren inzwischen weit gefahren. Es war bereits zweimal Nacht geworden und die Umgebung am Flussufer hatte sich mehr und mehr verändert. Aus dem Regenwald waren Tannen und Laubbäume geworden und dennoch war es angenehm warm. Sie genossen die gemeinsame Zeit und das sanfte Auf und Ab der kleinen Wellen, das Vogelgezwitscher, das Summen der Grillen, die Eulen, die des Nachts zu hören waren und auch so manches Knacken und Rascheln im Gebüsch.

„Riechst du das?", fragte Anton plötzlich. „Was denn?", wollte Lilo wissen. „Es riecht nach Salz! Ich glaube wir treiben gerade in Richtung Meer und es ist schon ganz nah!", antwortete Anton aufgeregt.

Lilo lächelte und reckte ihr Gesicht in den Wind. Tatsächlich… wenn sie sich sehr genau auf die Gerüche konzentrierte, konnte sie eine leicht salzig-kühle Brise wahrnehmen. Sie schloss ihre Augen und fühlte in sich hinein. „Es ist Zeit", hörte sie ihr Herz sagen.

Aufmerksam beobachtete sie das Ufer und bemerkte in einigen Metern Entfernung eine Stelle, an der ein großer, liegender Baumstamm ins Wasser ragte. „Komm!", rief sie aufgeregt. „Lass uns da hinüber paddeln. Dort muss ich aussteigen."

Anton und Lilo gaben alles. Sie paddelten beide wie verrückt gegen die reißende Kraft des Stromes an, um auf die andere Seite des Flusses zu kommen und den Baumstamm noch zu erwischen. Sie erreichten ihn ganz knapp und Lilo gelang es gerade noch zu sagen: „Ich freue mich auf unser Wiedersehen!" Im nächsten Moment sprang sie auf den Baumstamm und rannte an Land. Sie winkte kurz zum Abschied und lief weiter in den Wald hinein, ohne sich umzusehen. Sie hatte eine Mission und ihr Herz kannte den Weg.

Sie lief zielgerichtet weiter und weiter, bis sie klar und deutlich spürte, dass ihr Körper eine Pause brauchte. Lilo betrachtete aufmerksam die neue Landschaft. Sie stand mitten in einem großen Wald voller Tannen und Laubbäume. Inzwischen war es kühler geworden und sie fühlte einen Schauer auf ihrer Haut.

Sie sah Buchen und Eichen und erkannte sogar weiter weg am Waldrand große Holundersträucher, die in voller Blüte waren.

Als sie die vielen bunten, quirligen Schmetterlinge erkannte, die den Nektar aus den offenen Blüten sogen, wurde ihr ganz warm ums Herz. Sie strahlte glücklich und war wieder erfüllt von diesem prickelnden Glücksgefühl, das sie zuvor mit Anton auf dem Floß erlebt hatte. „Das Leben ist so gut zu mir, wenn ich einfach losgehe und mich von ihm führen lasse", bemerkte sie. „Dann reihen sich die Ereignisse einfach so aneinander und die Abenteuer werden immer schöner und aufregender. Was wohl jetzt auf mich wartet?"

Sie fühlte in ihr Herz hinein, um herauszufinden, wohin sie jetzt gehen sollte. Auf einmal spürte sie einen Sog und eine Neugier, die sie in Richtung Osten zog. Sie folgte diesem Impuls und lief einen schmalen Waldweg entlang. Plötzlich sah sie wenige Meter entfernt eine seltsame, riesengroße Gestalt durch die Bäume stolzieren.

Es dämmerte und der Abend kündigte sich an. Lilo sah einen Schatten an den Bäumen entlang gleiten. Dieses Wesen war bestimmt über zwei Meter groß und die Äste knackten unter seinen Füßen, als es durch das Moos des Waldes schritt. Lilo machte große Augen und spitzte die Ohren. Ihr lief ein mächtiger kalter Schauer über den Rücken. So etwas hatte sie noch nie gesehen! Leise schlich sie näher, um mehr erkennen zu können. Es sah aus, als hätte dieses große Etwas eine samtige Krone auf dem Kopf, die im Mondschein geheimnisvoll leuchtete.

Lilo lief näher heran und dann staunte sie so sehr, dass ihr Mund offen stehen blieb und sie kaum noch zu atmen wagte. Vor ihr stand ein riesiges Tier – edel, aufrecht und stolz.

Es sah aus wie eine Bärin, hatte aber ein ausladendes Geweih auf dem Kopf. Lilo kletterte auf einen hohen Baum, um es noch besser sehen zu können. Während sie das Tier bewunderte, trafen sich auf einmal ihre Blicke. Die Pandamaus und die Hirschbärin sahen einander für einige Sekunden in die Augen. Die Zeit schien stillzustehen… Lilo fühlte sich tief verbunden mit ihrem Herzen und der Natur um sie herum.

Während sie die Hirschbärin so ansah, spürte sie deren Kraft und Weisheit. Sie hatte warme, liebevolle Augen und lächelte sanft. Lilos Herz pochte laut.

Bevor sie sichs versah, wandte die Hirschbärin ihren Blick wieder von ihr ab und
schritt weiter in Richtung des Mondes, der
hell am Himmel leuchtete.

Lilo schaute ihr fasziniert nach.

Die Bärin hatte offensichtlich ein ganz ge-
naues Ziel. Ihre Schritte waren anders als
die umher wandernden Schritte grasender
Schafe, mümmelnder Kaninchen oder als
das Trippeln emsiger Amseln. Lilo genoss
ihre zielgerichtete, ruhige Art und lief so un-
auffällig und leise hinter ihr her, wie es ihr
möglich war.

Ein spannender Aufstieg

Während sie der Hirschbärin folgte, sah sie Fledermäuse durch die Lüfte jagen und Glühwürmchen umherschwirren. Dennoch ließ sie ihren Blick niemals von der mächtigen Bärin ab.

Plötzlich schrak sie auf, als sie auf etwas Weiches, Kuscheliges trat – eigentlich hatte sie hier nur den Waldboden vermutet.

„Hey!", rief eine Stimme empört aus. Vor Schreck trat Lilo ins Leere und purzelte in ei-

nen Fuchsbau, den sie übersehen hatte. Vor sich sah sie eine große, verärgerte Fuchsmama mit ihren vier wuseligen Babys, die sie alle verwundert und neugierig anstarrten. „Sei bloß froh, dass wir gerade auf dem Weg zum Wasserspektakel sind. Ansonsten hätte ich dich jetzt aufgefressen, du kleine gepunktete Maus!" Lilo zuckte erschrocken zusammen, doch dann erinnerte sie sich daran, dass sie schon einmal einen erwachsenen Löwen allein durch die Kraft ihres Willens vertrieben hatte. Sie hatte nichts zu befürchten, denn sie wusste um ihre Macht.

„Ich bin eine Pandamaus", sagte sie selbstbewusst und ruhig. „Und ich bin versehentlich in euren Bau gefallen. Bitte entschuldigt." Die Stimmung entspannte sich.

„Wo wollt ihr denn hin?", fragte Lilo neugierig. „Wir machen uns auf den Weg, um die Delfine und Wale im Meer tanzen zu sehen", antwortete die Füchsin. Sie bekam einen verträumten Gesichtsausdruck und Lilo machte große Augen. Sie fühlte ihr Herz aufatmen und entzückt Purzelbäume schlagen, als sie das hörte und sie wusste sofort, dass sie auch dahin wollte. „Nehmt ihr mich mit?", fragte sie. „Gern", lächelte die Füchsin und stupste ihre Kinderschar aus dem Bau heraus.

Lilo folgte der Fuchsfamilie und lief in siche-

rem Abstand hinter
ihnen her, denn die kleine Meute
war ein wilder Haufen. Die übermütigen
Fuchskinder zwickten einander mit ihren
scharfen Zähnchen in die Hinterläufe, ku-
gelten sich raufend und quietschend über
den Waldboden und rannten einander in
ihrem wilden Spiel fast um.
Die Fuchsmama lief meistens voraus und
mahnte die Kleinen ab und an zur Ordnung,
wenn es ihr zu wild wurde. Hin und wieder
schnappte sie sich eines der Kleinen und
trug es in ihrem Maul, um ein bisschen
mehr Ruhe in ihre Kolonne zu bringen. Lilo
war so müde von der Reise, dass ihre Beine
wackelig wurden und sie sich kaum noch
aufrecht halten konnte. Sie war inzwischen
so weit gelaufen und wirklich erschöpft.
Sollte sie jetzt aufgeben und zurück nach

Hause laufen? Für einen kurzen Moment schien der Gedanke verlockend, einfach wieder umzudrehen und sich irgendwo schlafen zu legen… „NEIN! Auf gar keinen Fall!", hörte sie sich selber sagen. Sie erinnerte sich, wie weit sie schon gekommen war und war sich sicher, dass das Ziel ihrer Reise jetzt zum Greifen nah war. Als sie den Entschluss gefasst hatte weiterzugehen, fühlte sie überrascht, wie sie von neuer Energie erfüllt wurde. Sie atmete die frühe Morgenluft in tiefen Zügen ein. Aber was war das? Plötzlich roch Lilo Hasen… und Eichhörnchen. Ja, sogar Füchse und Rehe konnte sie riechen. Und… konnte das sein? Roch sie sogar Wölfe? Ihre Sinne waren auf einmal wieder hellwach und sie lief mit neuer Kraft weiter. Ihre Nackenhaare stellten sich vor Aufregung auf.

Je weiter sie kamen, desto deutlicher hörte sie das Scharren und Knacken, das Rascheln und Lachen, sowie das emsige

Gemurmel vieler Tiere. Und dazwischen vernahm sie das beruhigende Rauschen des Meeres.

Sie hörte die Wellen ans Ufer schlagen und roch eine wohltuende, salzige Brise. Lilo atmete die erfrischende Meeresluft ein und dachte kurz an Anton, der bereits auf dem Fluss das Meer gerochen hatte. Eine aufgeregte Stimmung lag in der Luft. Lilo konnte es kaum erwarten, endlich aus dem Wald herauszukommen und die große sandige Düne zu erklimmen, die sich in einigen Metern vor ihr auftürmte.

Inzwischen wurde es immer heller und das erste Tageslicht schien durch das Blätterdach des Waldrandes. Die Vögel sangen und begrüßten den neuen Tag. Je näher sie dem Meer kamen, desto wärmer wurde es. Es schien, als würde sie wieder eine neue Welt betreten.

Die Fuchsfamilie war inzwischen langsamer geworden und die Mama nahm sich besonders viel Zeit, sodass jedes ihrer Jungen die Düne aus eigener Kraft erklimmen konnte. Denn das stärkte das Selbstvertrauen der kleinen Füchse und würde ihnen später noch sehr dienen. Sie lief aufmerksam hinter ihren Jungen her und achtete darauf, dass sie alle sicher waren und dass ihre Körper heile blieben. Die kleinen Füchse wurden etwas langsamer und schritten dennoch mutig weiter voran.

Lilo konnte es nicht mehr erwarten, die höchste Stelle der Düne zu erreichen und einen Blick auf das Spektakel am Meer zu werfen. Sie nahm all ihre Kräfte zusammen und rannte an der Fuchsfamilie vorbei. Geschickt grub sie ihre Füße immer wieder tief in den Sand, um dann behutsam weiter nach oben zu steigen. Der Wind wehte ihr ins Gesicht und erschwerte das Atmen. Nachdem sie etwa die Hälfte der Düne erklommen hatte, spähte sie nach oben und kniff die Augen zu einem winzigen Spalt zusammen, um sich vor dem umherfliegenden Sand zu schützen.

Beim Hinaufsehen entdeckte sie eine Gestalt hoch oben auf der Düne, die ihr seltsam vertraut vorkam und die jetzt schon wieder auf der anderen Seite hinabstieg. Allein der flüchtige Anblick dieser Gestalt löste ein freudiges Gefühl und ein inneres Wissen in ihr aus, das sie nicht beschreiben konnte. Dies gab ihr die nötige Kraft zum Weitergehen. Je höher sie kam, desto intensiver wurde der Wind. Sie schmiegte sich so nah wie möglich an die Düne, um sicher oben anzukommen. Beständig setzte sie einen Fuß vor den anderen, denn sie wusste genau, wohin sie wollte.

Es gab nur diese eine Möglichkeit: Sie würde oben ankommen!

Ihre Muskeln waren sehr erschöpft, aber sie fühlte sich dennoch voller Energie.

Lilo wurde mit jedem Schritt stärker. Es löste ein

großes Glücksgefühl in ihr aus, dass sie gerade ihr Bestes gab, um sicher oben anzukommen. Es waren nur noch wenige Schritte, bis sie endlich über den Rand der Düne
schauen konnte. Sie nahm ihre letzten Kräfte zusammen und schaffte es, die übrigen

Meter der Düne zu erklimmen.

Mit vor Erschöpfung zitternden Beinen jauchzte sie vor Glück und nahm einen riesigen Atemzug von der salzigen, frischen Meeresluft. Sie genoss das orangefarbene Sonnenlicht, das sich am Horizont über dem Meer seinen Weg bahnte. Hinter den Wolken erstrahlte ein wunderschöner Sonnenaufgang, der einen besonderen Tag ankündigte.

Nachdem Lilo ein paar Minuten innegehalten und versunken aufs Meer geblickt hatte, sprangen plötzlich große Fische aus dem Wasser und platschten wieder hinein. Sie kamen immer näher und Lilo konnte sie nun deutlicher erkennen: Es waren gar keine Fische. Es waren Delfine!

Eine riesige Delfinfamilie spielte direkt vor ihr miteinander. Immer wieder schnellten die Delfine in die Luft, um anschließend geschmeidig und elegant wieder im Wasser zu landen. Manches Mal drehten sie sich während dieser Sprünge sogar mehrmals kunstvoll um ihre eigene Achse. Dann tauchten sie erneut in die Tiefen des Meeres ein, um schon bald wieder aus dem Wasser zu springen.

Die Delfine waren so flink und verspielt, dass Lilo vor Staunen der Mund offen stehen blieb. Sie erkannte sogar ein Delfinpaar, das sanft und zärtlich miteinander schmuste. Sie bemerkte, wie liebevoll und achtsam die Delfine miteinander waren und wieviel Spaß sie gemeinsam hatten. „Was für ein schönes Miteinander", flüsterte Lilo.

Tanzende Delfine und das Geheimnis des ewigen Glücks

Lilo erkannte große und kleine Delfine. Sie sah Eltern und Babys, deren silberne, zarte Haut in der Sonne glänzte. Der Wind hatte

nachgelassen und es war ruhig geworden. Lilo setzte sich in den warmen Sand des Dünenkamms und stützte ihren Kopf verträumt in ihre Pfoten. Sie beobachtete die Delfine, die miteinander spielten und fühlte sich ihnen ganz nah. Sie konnte sogar, ganz aus der Ferne, quietschende, singende Geräusche von ihnen hören. Manches Mal war sogar ein leises Klappern dabei. So sprachen die Delfine miteinander. Lilos Herz pochte ganz fröhlich und aufgeregt! Eines Tages würde sie mit diesen wundervollen, sanften Tieren gemeinsam im Meer schwimmen. Sie spürte es in ihrem Herzen.

Als sie so dasaß, schnellte am Horizont plötzlich ein riesengroßer Wal aus dem Wasser, warf sich rücklings hoch in die Luft und platschte mit einem lauten Donnern wieder ins Wasser zurück. „WOW!" raunte Lilo fasziniert.

Während sie all diese wunderschönen Tiere beobachtete, wurde sie ganz ruhig und erkannte plötzlich: „Jedes einzelne Tier auf dieser Welt kann so viel Lebensfreude und Leichtigkeit erleben wie diese Delfine und Wale. Jedes Tier kann so achtsam und liebevoll im Miteinander und mit sich selbst sein.

Es ist nur eine Frage der Zeit, bis sich alle wieder daran erinnern, wie viel grenzenlose Freude in ihnen steckt. Denn tatsächlich ist unendlich viel Freude in jedem einzelnen Lebewesen - so viel, wie es Wassertropfen im ganzen Meer gibt!" Lilo strahlte, als sie sich das vorstellte. „Dann brauche ich definitiv einen neuen Namen für die Grummeltiere, wenn sie so glücklich sind, dass sie gar nicht mehr grummelig ausse-hen…" Lilo zuckte amüsiert mit ihren Schultern: „Vielleicht werde ich sie dann Sonnentiere nennen, weil sie sogar strahlen wie die Sonne, wenn sie gerade gar nicht lächeln." Lilo fühlte sich, als würden die Meereswellen in ihr weiterklingen und sie

berührte sanft den Kristall um ihren Hals.
Sie fühlte sich sehr dankbar.

Der Wind säuselte ganz leise und ein paar
Blätter wehten frech an ihrer Nase vorbei,
als wollten sie ihr etwas zeigen.

Lilo folgte mit ihrer Aufmerksamkeit den
neckisch tanzenden Blättern. Sie blickte von
der Düne hinab ans Meeresufer und war
verblüfft! Sie schaute genauer hin – und
tatsächlich – dort unten entdeckte sie die
Hirschbärin, die sie bereits im Wald
getroffen und vorhin hoch oben auf der

Düne erahnt hatte.

Sie war umringt von vielen verschiedenen Tieren. Sie alle saßen, standen und lagen in einem großen Bogen um die Hirschbärin herum und hörten fasziniert, was sie zu sagen hatte.

Ihre sanfte, liebevolle Stimme wurde von den leisen Wellen des Meeres begleitet. Selbst die Möwen, die in den nahegelegenen Klippen brüteten, hörten aufmerksam hin. Lilo genoss die melodische Sanftheit in der Stimme der Bärin und fühlte sich auf einmal sehr geborgen und geliebt. Sie wollte nun endlich ganz nah heran, um zu hören, was genau die Hirschbärin erzählte. Unter den Tieren, die friedlich um die Bärin versammelt waren, entdeckte sie Rehe und Füchse, Adler und Meisen, Schildkröten und Hasen und sogar Wölfe und Luchse.

Selbst ein paar Schlangen lagen im warmen Sand und zeichneten beim Zuhören verträumte Muster in den Sand.

Lilo schlitterte so schnell sie konnte von der Düne hinab, lief in großen Sprüngen zu all den anderen Tieren und verlangsamte ihre Schritte dann, um sie nicht zu stören. Sie schlich die letzten Meter an die hinteren Reihen der Zuhörenden heran, hüpfte durch die Beine zweier Rehe, sprang über eine Schlange und lief nah an einem der Wölfe vorbei, um in der ersten Reihe Platz zu nehmen. Lilo grinste verzückt. Wann hatte sie schon einmal die Chance, über

eine Schlange zu springen und direkt an einem Wolf vorbeizulaufen, ohne zu riskieren, gefressen zu werden... Sie machte es sich neben einer Schar anderer Mäuse gemütlich und hörte auf einmal die liebevolle Stimme der Hirschbärin sagen: „Da ist ja unsere kleine Abenteurerin. Ich habe dich schon erwartet. Und du bist genau zur richtigen Zeit gekommen."

Die Hirschbärin lächelte Lilo warmherzig an und fuhr dann fort: „Ihr alle seid nicht hier, um mich zu hören. Ihr seid hier, um euch zu erinnern, wer ihr ganz tief in eurem Herzen wirklich seid und wozu ihr imstande seid.

Und ihr seid hier, weil es sich gut anfühlt, daran erinnert zu werden. Ein jeder und eine jede von euch ist vollkommen einzigartig und wundervoll. Jede und jeder Einzelne von euch hat wertvolle Gaben in sich und ist hier, um diese zu teilen und damit das Leben der anderen Tiere zu bereichern. Je mehr ihr dies tut, desto glücklicher werdet ihr sein." Lilo berührte ihren Kristall und wünschte sich, dass diese Worte und deren Bedeutung für immer darin gespeichert waren.

Die Hirschbärin fuhr fort: „Wollt ihr wissen, was das Geheimnis des ewigen Glücks ist?"

„Jaaaaaa!", raunten die Zuhörenden und wurden schon ungeduldig. Die Rehe scharrten mit den Hufen und die Vögel schlugen ungeduldig mit ihren Flügeln. „Erinnert euch daran, dass ihr einzigartig und großartig seid. Das Geheimnis des Lebens ist Wachstum und Entfaltung. Streckt euch nach dem bestmöglichen Leben, das ihr euch vorstellen könnt. Er- träumt euch das Leben, das euch in eurem Innersten wirklich erfüllt und lebt in der freudigen Gewissheit, dass ihr euch genau dieses Leben erschaffen werdet. Lasst dabei alle Vergleiche mit anderen Tieren vollkommen los. Je glücklicher ihr euch fühlt, je erfüllter, gesünder und reicher ihr euer Leben aufbaut, desto mehr davon könnt ihr auch an andere Tiere weitergeben.

Wenn ihr um euch herum etwas Schmerzhaftes wahrnehmt, dann nehmt dies als Ansporn, etwas Gutes und Heilsames zu erschaffen. Und wenn ihr etwas Gutes entdeckt, das euch gefällt, dann ladet es in euer Leben ein.

Ihr seid ein wichtiger Teil des gesamten Universums. Jeder und jede Einzelne von euch hat besondere Fähigkeiten, um das Leben auf der Erde zu bereichern. Ihr seid extrem wertvoll für diese Welt. Fühlt in euer Herz hinein und bemerkt, wie verbunden ihr mit allem um euch herum seid. Seid euch in jedem Moment bewusst, dass ihr

riesengroße Schätze in euch tragt, die immer weiter wachsen, wenn ihr sie zum Wohl der Erde und aller Lebewesen einsetzt. So wie eure Muskeln wachsen, wenn ihr sie nutzt, wachsen eure Schätze, wenn ihr sie nutzt."

Die Hirschbärin machte eine kurze Pause und alle hingen an ihren Lippen.

„Erlaubt eurem Herzen, euch durchs Leben zu führen. Dadurch werdet ihr immer glücklicher und reicher. Ihr werdet spüren, ob ihr auf dem richtigen Weg seid.

Vergesst, was andere Tiere Tolles leisten, wie schön sie aussehen, wie schnell sie laufen oder wie weit sie tauchen können. Vergesst, was sie über euch oder andere sagen. Tut das, was EUCH

glücklich macht und was euer Herz euch sagt. Tut jeden Tag das, was euch begeistert. Und wenn ihr mal nicht weiterwisst, dann stellt klare Fragen und ihr werdet von eurem Herzen klare Antworten erhalten - denn es kennt euren Weg sehr genau.

Lasst euch von eurer Freude führen und bleibt wachsam.

Euer Herz spricht durch Gefühle und Ideen mit euch. Diese sind goldene Schlüssel zu einem reichen, glücklichen und abenteuerreichen Leben, in dem ihr alles sein, tun und haben könnt, wonach ihr euch sehnt. Sagt in jedem Moment „Ja" zu euch selbst und tragt die einzigartigen Schätze in euch nach außen."

Lilo war sehr berührt von diesen Worten und ließ sie tief in sich hinein sinken, während sie den Kristall dabei in ihrer Pfote hielt.

Schließlich fügte die Hirschbärin das letzte Puzzleteil hinzu, als sie sagte: „Lasst diese Geheimnisse ein Teil eures Lebens werden – jedoch nur, wenn sie sich für euch gut und richtig anfühlen. Falls nicht, dann lasst sie einfach los.

Ihr dürft immer wählen und in euer Herz hineinfühlen, wie sich die Tipps, Aussagen und Lebensweisen anderer Tiere für euch anfühlen. Wenn euch andere etwas erzählen, dürft ihr annehmen, was sich in eurem Herzen gut und wahr anfühlt – und genauso dürft ihr ablehnen, was sich schlecht und falsch anfühlt.

Wahrheit fühlt sich im Herzen gut an. Und ihr möchtet ja euren eigenen Weg gehen…

statt den Weg anderer Tiere, oder? Euren inneren Kompass tragt ihr immer bei euch", schmunzelte die Bärin und legte dabei ihre Tatze über ihr Herz, während sie ein paar tiefe Atemzüge nahm.

„Wahrheit fühlt sich im Herzen gut an", wiederholte sie noch einmal.

Lilo machte innerlich Freudensprünge und ihre Augen glänzten vor Begeisterung. Sie wusste: Das Leben hatte sie auf geheimnisvolle Weise hierher geführt und ihr immer zur richtigen Zeit die passende Hilfestellung geschenkt. So hatte sich ihr jetzt das Geheimnis des ewigen Glücks offenbart, das sie ganz tief in ihrem Innersten schon lange kannte. Lilo ließ die Worte der Hirschbärin nachklingen, die mit warmen, freundlichen Augen in die Runde schaute.

Dann passierte etwas Überraschendes: Die Hirschbärin streckte ihre riesengroße Tatze aus, lud die winzige Pandamaus ein, darauf zu klettern und hob sie behutsam hoch in die Luft, um ihr geradewegs in die Augen sehen zu können. Sie sagte sanft und liebevoll: „Wenn du willst, dann wirst du weiterhin sehr viel Gutes auf dieser Welt bewirken, Lilo. Vertraue weiter deinem Herzen."

Lilos Herz klopfte laut und kurz darauf fühlte sie, wie die Bärin sie wieder behutsam von ihrer großen Bärenpranke in den weichen Sand rutschen ließ. Dort saß sie eine Weile, um sich neu zu orientieren. Sie fühlte sich etwas schwindelig von all den Informationen, die sie gerade aufgenommen hatte.

Die Hälfte von dem, was die Hirschbärin gesagt hatte, hatte Lilo schon wieder vergessen. Trotzdem war alles tief in ihrem Herzen gespeichert und sie trug ja auch noch diesen wundervollen Kristall um den Hals. Vergessen war die lange Reise. Vergessen waren all die Entscheidungen, die sie getroffen hatte, um hier anzukommen. Sie wollte einfach nur weitergehen und ihren Freunden zu Hause von ihrem Abenteuer erzählen.

Sie wusste, dass sich alles Weitere ergeben würde und sie war bereit, es genau zur richtigen Zeit herauszufinden. Sie war voller Schätze - so wie jedes andere Tier auf dieser Welt. Und das fühlte sich großartig an!

Auf einmal spürte Lilo einen liebevollen Stupser in ihrer Seite und schaute sich verblüfft um. Eine Welle aus kribbeligen Glücksgefühlen rauschte durch ihren Körper und ihr wurde plötzlich ganz warm ums Herz, als sie in die Augen von Anton blickte. Er saß ganz nah und breitete seine Arme aus. „Anton!", jubelte Lilo und sprang ihm in die Arme, so dass sie beide umfielen. Sie lachten laut auf und begrüßten sich voll Freude. Lilo kuschelte sich an ihren Freund und fühlte sich so unfassbar wohl und frei.

„Hey! Willst du uns auch begrüßen?", fragte eine freche Stimme hinter ihr. Lilo drehte sich um und schaute in das strahlende, freudige Gesicht von Coco, der ebenfalls seine Arme zur Begrüßung ausbreitete.

Lilo konnte es kaum glauben und hüpfte auch ihm mit einem Freudenschrei in die Arme. Dann schaute sie sich nach allen

Seiten um und fragte verwundert: „Wen meinst du denn mit ‚uns'?" Coco grinste verschmitzt. „Der große Schmetterling ist hier, um dich in deine Heimat zu fliegen und wir werden dich begleiten", antwortete er und zeigte mit seinem Finger in die Weite über dem Meer.

„Die Löwenkralle, die du erobert hast, ist übrigens schon in deiner Heimat und wird von deinen Freunden dort bereits mit großen Augen bestaunt", fügte Coco mit einem stolzen Grinsen hinzu. Er freute sich über Lilos überraschtes Gesicht. Lilo schaute übers Meer in die Richtung, in die Coco gezeigt hatte. Dort sah sie in der Ferne einen großen, zitronengelben Schmetterling, der mit seinen prachtvollen, leuchtenden Flügeln auf sie zuflog und wenig später geräuschlos neben ihnen landete. Es war der gleiche Schmetterling, der ihr zuvor den Kristall gebracht hatte.

Lilo hatte Freudentränen in den Augen und

konnte ihr Glück
kaum fassen. Sie
lachte und berührte
dabei ihre Kette.
„Es ist Zeit", gab ihr Herz ihr
zu verstehen.
Die drei Freunde kletterten auf
den Rücken des majestätischen
Schmetterlings und dieser erhob sich mit
kräftigen Flügelschlägen in die Lüfte.

Wie sind eigentlich die Bilder entstanden?

1.

Erste Handskizze

2.

Digitale Farbskizze

Farben "testen"

3.

Zwischenstand!

4.

Vögel in Kreisformation

Früchte

Farben angepasst

Tiefenschärfe angepasst

uuund..

Fertig!

1.

Handskizze...

2.

Manchmal bleibt es nicht beim ersten Entwurf...

3. ...und auch nicht beim zweiten oder dritten!

4. Letztendlich gehört auch das Ausprobieren zum Prozess!

Trag dich hier für den inspirierenden Goldblatt-Newsletter
ein und lade das zauberhafte Lilo-Malbuch
zum Ausdrucken herunter:

www.goldblattverlag.de/lilo

Ganz viel Freude damit!

LILO
UND DAS GEHEIMNIS DES EWIGEN GLÜCKS

mit 12 Ausmal-bildern

Ausmalspaß

Nana Pure   Jerry Drave

GOLD BLATT

Weiterführende Informationen für die Erwachsenen

Als meine erste Tochter Mila ca. zwei Jahre alt war, habe ich mich gefragt, welches Buch ich ihr im Laufe ihrer Kindheit immer wieder vorlesen könnte, um ihre Entwicklung positiv zu unterstützen.

Ich wünschte mir ein Kinderbuch, das viele wertvolle Hinweise fürs Leben enthält und diese in kindgerechter Sprache kommuniziert. Ich wünschte mir ein Buch, dessen Sprache auch dann bestärkend ist, wenn sie wortwörtlich genommen und verinnerlicht wird. Insbesondere in den ersten Lebensjahren nehmen Kinder Worte „wörtlich" und ihre Einstellung zum Leben wird maßgeblich davon geprägt.

Als ich kein Buch fand, das genau meinen Vorstellungen entsprach, wuchs in mir die Idee *„Lilo und das Geheimnis des ewigen Glücks"* zu schreiben.

Gerade jetzt, in dieser sich schnell verändernden Zeit und inmitten all der globalen Umbrüche, ist es wichtiger denn je, dass sich Kinder auf ihre innere Stärke und intuitive Weisheit verlassen. Denn so können sie sich selbstsicher durch all die Veränderungen navigieren und dabei wertvolle Entscheidungen treffen. Die Abenteuergeschichte der Pandamaus Lilo fördert das Vertrauen der Kinder in ihre eigenen Fähigkeiten und ermutigt sie dazu, ihrem Herzen zu folgen und mutig voranzugehen. So können sie ihr Leben flexibel, intelligent und selbstbewusst gestalten. Da Kinder vor allem durch Beobachtung und Nachahmung lernen, besitzt Lilo viele wertvolle Eigenschaften, die uns Menschen erfolgreich, gesund und erfüllt sein lassen. Insbesondere durch wiederholtes Lesen der Geschichte können Kinder diese Eigenschaften immer mehr verinnerlichen.

Worte prägen die Lebensqualität

Ein einziges Wort kann viel im Leben eines Kindes bewirken, da es in seiner frühen Kindheit besonders offen und formbar in seiner Einstellung zum Leben ist und Worte unbewusst „wörtlich" nimmt.

Einige Beispiele aus dem täglichen Sprachgebrauch:

- **etwas feststellen**

Wörtliche Bedeutung: etwas wird festgestellt/ arretiert und kann nicht mehr oder schwer verändert/bewegt werden

Gute Alternative: etwas wahrnehmen

- **etwas zulassen**

Wörtliche Bedeutung: etwas zu lassen, verschlossen lassen (das Gegenteil dessen, was im allgemeinen Sprachgebrauch mit dem Wort erreicht werden soll)

Gute Alternative: etwas erlauben

- **sich totlachen**

Wörtliche Bedeutung: wer lacht, stirbt dadurch (wenn ich also leben will, sollte ich weniger lachen)

Gute Alternative: sehr lachen

- **stinkreich sein**

Wörtliche Bedeutung: Reichtum führt dazu, dass man stinkt (und wenn ich stinke, mögen meine Freunde mich bestimmt nicht mehr... also besser nicht reich werden, denn ich will ja nicht alleine sein)

Gute Alternative: sehr reich sein

Da ich mir wünsche, dass Kinder Verknüpfungen in ihrem Gehirn machen, die förderlich für ihr Lebensglück sind, habe ich sehr auf eine - auch wörtlich genommen - bestärkende Sprache in diesem Buch geachtet.

Die Pandamaus Lilo verfügt über wichtige Fähigkeiten und Sichtweisen, um ihre Ziele zu erreichen, Herausforderungen zu meistern, Probleme zu lösen und glücklich zu leben. Kinder erleben diese flexible und selbstbewusste Einstellung zum Leben hautnah mit, übernehmen sie unterbewusst und werden dadurch selbst darin bestärkt, ihren eigenen Weg zu gehen.

Wichtige mentalen Fähigkeiten

Ich bin seit über 18 Jahren im Bereich des Coachings und der Persönlichkeitsentwicklung aktiv und darf viele Menschen dabei begleiten, das Leben zu leben, das sie im Innersten erfüllt. Die wichtigsten Erfahrungen und Erkenntnisse aus meiner Arbeit habe ich in dieses Kinderbuch einfließen lassen.

Besonders kraftvoll ist es, eine oder mehrere der folgenden mentalen Fähigkeiten wieder zu aktivieren und zu trainieren:

1. Vorstellungskraft
2. Intuition
3. Wille
4. Gedächtnis
5. Vernunft
6. Wahrnehmung

1. Die Vorstellungskraft ermöglicht uns, innere Bilder zu erzeugen, die wir bisher noch nicht gesehen haben. Jede Innovation und jedes Lebensglück baut maßgeblich darauf auf. Wir können unsere Vorstellungskraft nutzen, um etwas vor unserem inneren Auge zu sehen, was wir noch nie zuvor erlebt haben, jedoch erleben wollen. Daraus entstehen dann Handlungsideen, die uns dabei helfen, unsere Gedanken Realität werden zu lassen.

Kinder sind bereits meisterhaft darin, ihre Fantasie spielerisch einzusetzen und innere Bilder dessen zu erzeugen, was sie gern erleben würden – auch wenn sie es bis dahin noch nie erlebt haben.

Damit sie sich diese wichtige Fähigkeit erhalten können, ist es hilfreich, wenn wir sie darin bestärken. Sobald diese Gabe ausgebremst und unterdrückt wird, beginnt die Stagnation und das Unglücklich-sein, das wir bei vielen Erwachsenen sehen. Geprägt durch unsere eigenen Erfahrungen in unserer Kind-heit tendieren wir häufig dazu, die Aufmerksamkeit des Kindes nach außen zu richten, indem wir zum Beispiel sagen: „Schau mal, da…", „Höre hin, was ich dir sage", „Pass auf!"

Wir tun den Kindern sehr viel Gutes, wenn wir sie stattdessen öfter fragen, woran sie gerade denken, was sie sich vorstellen, was das Beste ist, das ihnen gerade passieren könnte und was sie sich wünschen. Es ist so faszinierend, die Innenwelt der Kinder ken-nenzulernen, indem du sie danach fragst. Dadurch entsteht eine ganz neue Nähe, Vertrautheit und Ver-bindung zwischen euch und du unterstützt sie dabei, ihre Vorstellungskraft bestmöglich zu erhalten und einzusetzen.

2. Die Intuition ist unsere Fähigkeit, gute Entschei-dungen zu treffen ohne unseren rationalen Verstand dazu zu gebrauchen. Manche nennen es auch „Bauchgefühl", „so eine Ahnung" oder „sechster Sinn". Es ist etwas, das wir von Geburt an mitbekom-men und das ebenso wie alle anderen mentalen

Fähigkeiten Übung und Training bedarf, um sich voll zu entfalten. In dem Moment, in dem wir einen guten Zugang zu unserer Intuition haben, spüren wir, was um uns herum vor sich geht und was als nächstes für uns zu tun ist. Wenn wir unserer Intuition die Führung überlassen, können wir sehr schnell und effektiv vorangehen, um unsere Ziele zu erreichen.

Kinder fühlen intuitiv, was in ihrer Umgebung gerade geschieht und was ihnen guttut oder auch nicht guttut. Sie können uns sehr klar, schnell und direkt sagen, was los ist – vor allem, wenn sie von uns Erwachsenen diese Kompetenz zugesprochen bekommen und entsprechend gesehen und gehört werden. Für viele Erwachsene ist die Verlockung groß, Kinder als weniger kompetent zu bewerten und dadurch wertvolle Äußerungen von ihnen gar nicht erst wahrzunehmen. Wenn der Zugang zur Intuition verloren geht, geht damit auch der innere Kompass fürs Leben verloren. Deswegen ist es so unendlich wertvoll, diese Fähigkeit zu trainieren und zu bestärken.

Förderlich ist, wenn wir den Kindern beispielsweise sagen, dass sie eine sehr gute Wahrnehmung und ein sehr gutes Körpergefühl haben – schon bei den kleinsten Anzeichen davon. Worte sind sehr kraftvoll und erschaffen Realität.

Schenke Kindern Anerkennung und Aufmerksamkeit für alle Eigenschaften, die du unterstützen möchtest und sie werden mehr davon zeigen.

3. Der Wille ist die Fähigkeit, sich auf eine Sache zu fokussieren und alle Ablenkungen auszublenden. Dadurch sind wir in der Lage, kraftvoll und zielgerichtet zu handeln und an unserem Ziel anzukommen. Diese Fähigkeit schenkt uns die Kraft, unsere Ziele schnellstmöglich zu erreichen und unsere Träume zu verwirklichen. Sie ist wichtig, um im Leben voranzukommen. „Ich will...!" – diesen Satz kennen wir sehr gut von Kindern. Sie wissen, was sie wollen. Und sie wissen, was sie nicht wollen. Häufig reagieren wir im Alltag genervt, wenn die Kinder so ausgeprägt auf ihren Willen bestehen. Was wäre, wenn wir Kinder stattdessen dafür anerkennen, dass sie ihre Bedürfnisse so klar einfordern? Und im nächsten Schritt können wir eine gemeinsame Lösung finden, mit der alle gut leben können.

Denn es gibt IMMER eine FÜLLE an Alternativen! Dieser Satz hat mein Leben maßgebend verändert, als ich ihn zum ersten Mal gehört habe. Seitdem trainiere ich meine Fähigkeit, diese Fülle an Alternativen in allen möglichen Situationen zu sehen und daraus zu schöpfen. So wird unser tägliches Miteinander spielerisch und leicht. Auch kommt es kaum noch zu Konflikten, denn es sind ja immer viele Optionen mit dabei, mit denen alle Beteiligten glücklich sind.

In den Momenten, in denen das Kind etwas will, das du gerade nicht willst oder das gerade nicht geht, kann folgender Satz eine Lösung sein: „Ich finde es großartig / richtig / gut / sehr gut, dass du so genau weißt, was du willst und das auch sagst. Ich empfinde das als total angenehm. Und jetzt gerade in diesem Moment geht… nicht, weil… Wie findest du es, wenn wir stattdessen…" Biete etwas an, das attraktiv für das Kind ist und ihm die Qualitäten bietet, die es in dem sieht, was es so sehr will. Nach und nach wirst du immer schneller darin, wahrzunehmen, was genau an der Sache, die das Kind gerade will, so reizvoll für es ist. Im Grunde wollen Kinder die ganze Zeit lernen, wachsen, entdecken und ausprobieren.

Folgende Fragen helfen dir dabei, die Qualitäten zu entdecken, die gerade attraktiv/wichtig für das Kind sind:

Braucht es gerade Abwechslung oder Beständigkeit?
Nähe oder Unabhängigkeit?
Sicherheit oder Abenteuer?
Ruhe oder Aktivität?
Was können Alternativen sein, die ihm diese Erfahrung schenken und die für dich/euch alle passen?

4. Das Gedächtnis ist unsere mentale Fähigkeit, uns an Informationen und Zusammenhänge zu erinnern. Es ermöglicht uns, schnell und intelligent neue Verknüpfungen zu bilden und Lösungen zu finden.
Kinder lernen in jedem Moment. Ihr Gehirn entwickelt sich ständig weiter. Wenn wir ihr Denken in gleichbleibende und uninspirierende Bahnen zwingen, hemmen wir ihr intrinsisches Interesse zu lernen. Wenn du dem Kind stattdessen kontinuierlich Möglichkeiten bietest, aus eigenem Antrieb zu lernen, förderst du seine Intelligenz und unterstützt es dabei, kluge Entscheidungen zu treffen. Das Training des Gedächtnisses hält unseren Geist wach und flexibel und rüstet uns für unvorhergesehene Wendungen und Herausforderungen des Lebens.

5. Die Vernunft ist eine mentale Fähigkeit, die uns befähigt, individuelle Gedanken zu formen, Einsichten zu gewinnen und daraus Ideen zu entwickeln. Dies wiederum ermöglicht uns, unsere Realität selbst zu formen und zu gestalten, anstatt Opfer der eigenen Lebensumstände zu sein. Das Denken ist der Beginn einer jeden selbst gewählten Veränderung. In dem Moment, in dem Menschen vergessen, gezielt zu denken und nur noch in Erinnerungsschleifen und Gewohnheiten funktionieren, sind sie gefangen in ihren momentanen Umständen. Sobald sie ihre Gedanken wieder bewusst und innovativ einsetzen, können sie sich befreien und bessere Umstände erschaffen.

Kinder beginnen irgendwann, für sich selbst zu denken, eigene Schlüsse zu ziehen, individuelle Gedanken zu bilden und immer mehr Ideen zu entwickeln. Damit beginnt eine hochkreative Phase und es lohnt sich immens, diese zu fördern. Das kannst du zum Beispiel tun, indem du aufmerksam hinhörst, wenn sie sprechen, ihnen auf Augenhöhe begegnest und Anerkennung für ihre Ideen gibst.

6. Unsere Wahrnehmung entspricht unserem momentanen Blickwinkel. Die Perspektive, aus der wir eine Situation betrachten, ist dafür verantwortlich, was wir wahrnehmen. So wie man jeden physischen Gegenstand, wie zum Beispiel einen Stuhl, aus unendlich vielen verschiedenen Perspektiven betrachten kann, kann man auch Lebenssituationen aus unendlich vielen verschiedenen Perspektiven betrachten. Der Stuhl sieht von hinten anders aus als von vorne oder von oben oder von der Seite. Auch jede Situation sieht sehr anders aus, wenn wir sie aus einer anderen Richtung betrachten. In dem Moment, in dem uns das bewusst ist, haben wir die Möglichkeit, unseren Blickwinkel zu verändern und neue Aspekte der gleichen Sache zu sehen. Wenn wir also glauben, dass etwas nicht möglich ist, können wir unsere Perspektive so oft verändern, bis wir herausgefunden haben, wie es möglich ist.

Kinder sind sehr flexibel darin, ihren Blickwinkel zu verändern. Sie üben dies in Rollenspielen und im Nachahmen verschiedener Menschen und Tiere. Im Laufe ihrer Entwicklung wird ihnen jedoch sehr oft beigebracht und vorgelebt, in eingefahrenen Bahnen zu leben und zu denken. Ermögliche es ihnen stattdessen, ihre Flexibilität zu wahren und weiter auszubauen. Wenn du in deinem Denken und Handeln beweglich bist, ist das für das Kind eine wichtige Orientierung. So wird es ihm auch in Zukunft leicht fallen, die Lösung für ein Problem und den Ausweg aus einer schwierigen Situation zu finden. Auch hier kann dir die Erinnerung „Es gibt IMMER eine FÜLLE an Alternativen" helfen, um zu bemerken, dass man eine Sache von vielen verschiedenen Perspektiven aus betrachten kann.

Meiner Erfahrung nach ist der fehlende Zugang zu einer oder zu mehreren dieser sechs mentalen Fähigkeiten ein hauptsächlicher Ursprung für Misserfolg, Stagnation, Krankheit und Unzufriedenheit. Aus dieser Erkenntnis ist mein großes Interesse gewachsen, meine und andere Kinder dabei zu unterstützen, den Reichtum dieser wundervollen Gaben zu bewahren und weiter auszubauen. Denn so können sie ihr Leben selbstbestimmt und glücklich gestalten und damit ihren bestmöglichen Beitrag zur Menschheitsgeschichte leisten. Denn wir geben immer die Qualität an Leben weiter, die wir selbst verkörpern.

Insbesondere, wenn dieses Buch häufig (vor-)gelesen wird, werden Kinder darin unterstützt, ihre reichen Schätze an mentalen Fähigkeiten zu bewahren und beständig weiter auszubauen.

Alles Liebe und eine großartige Zeit wünscht

Nana Pure

Nachhaltige Produktion dieses Buches

Faszinieren dich Tiere und Pflanzen auch so sehr? Wenn du einen Apfel isst und dir ein Stück davon herunterfällt, freuen sich Tiere darüber, dieses Apfelstückchen zu essen. Oder es bleibt liegen, zerfällt und wird zu Nahrung für die umliegenden Pflanzen.

Viele Gegenstände, die wir Menschen erschaffen, produzieren allerdings Überreste, die von der Natur nicht mehr verwendet werden können und ihr sogar schaden. Doch es ist möglich, Produkte zu entwickeln, die während der Entstehung, der Nutzung und auch während des Zerfalls gut für unsere schöne Erde sind!

Das Designkonzept **Cradle to Cradle** macht genau das! Übersetzt heißt es soviel wie „von der Wiege zur Wiege". Beschrieben wird damit ein Kreislauf von Ressourcen, aus denen immer wieder ein neues, gesundes Produkt „geboren" werden kann, ohne dass schädlicher Abfall entsteht.

Dieses Konzept finden wir so überzeugend, dass wir uns entschieden haben „Lilo und *das Geheimnis des ewigen Glücks"* so produzieren zu lassen.

Das Altpapier kann dann später für die Herstellung eines neuen und ebenso ökologischen Buches genutzt werden und die Reststoffe, die dabei entstehen, können in den biologischen Kreislauf zurückgeführt werden.

Außerdem wird das Buch mit Ökostrom und klimapositiv gedruckt. Das bedeutet, dass die CO_2-Emissionen, die bei der Herstellung entstanden sind, zu 110% kompensiert werden. Um das zu erreichen, werden zum Beispiel Waldaufforstungsprojekte und andere Klimaschutzprojekte unterstützt.

Ist das nicht cool? Das bedeutet nämlich, dass sich das Buch, das du gerade in den Händen hältst, ganz natürlich in den beeindruckenden Kreislauf der Natur einfügt. Es besteht ausschließlich aus gesunden Substanzen und ist gut für uns und für diese wunderschöne Welt!

Hier kannst du mehr über **Cradle to Cradle** erfahren:
www.c2c.ngo
www.goldblattverlag.de/c2c
www.nanapure.com/c2c

Danke Marie für diese großartige Zusammenarbeit! Ich habe jeden einzelnen Moment des gemeinsamen Erschaffens genossen und freue mich auf unseren weiteren gemeinsamen Weg. Danke für deine wundervolle Begleitung von Anfang an. Es ist für mich sehr besonders und unendlich schön, wie viel Raum du dem kreativen Entstehungsprozess gibst und dass du dabei so unglaublich klare und wertvolle Hilfestellungen gibst. Du erschaffst ein sehr einzigartiges und wertschätzendes Miteinander und folgst deinen Träumen. So wundervoll, dass es dich gibt und dass wir uns begegnet sind.

Danke Jerry für deine phänomenalen Bilder und unsere geniale Zusammenarbeit! Vom ersten Moment an war ich von deinen naturnahen Tier-Illustrationen fasziniert, die so echt und zum Greifen nah wirken. Deine Pandamaus-Illustration auf Instagram hat dazu geführt, dass die Heldin dieses Buches eine Pandamaus geworden ist. Ich liebe den fokussierten Flow in deiner Arbeit und das kreative Zusammenwirken mit dir im Team. You are all in – und das ist der Moment, wo Großes entsteht.

Danke Chris, mein großartiger Ehemann, dass du mich so sehr darin unterstützt, das zu tun was ich liebe und die beste Version meiner Selbst zu werden! Danke, dass du mich immer wieder neu wahrnimmst und dass du es mir so leicht machst, mich im Positiven zu verändern! Danke, dass du meine, Milas und Keonas Liebessprache sprichst. Danke, dass du so ein wundervoller Papa und Lernbegleiter für unsere Kinder bist! Danke, dass du deine Träume verwirklichst. Ich liebe dich sehr und freue mich, dich jeden Tag mehr dabei zu unterstützen, zu wachsen und zu leben wie du leben willst.

Danke Mila Kiana für dein Sein! Danke für deine ehrliche, selbstbewusste, klare und liebevolle Kommunikation. Ich freue mich unendlich, dass du da bist. Ich liebe es, dich jeden Tag mehr kennenzulernen und dich darin zu unterstützen, das Leben zu leben, das dich in deinem Innersten erfüllt. Du bist sehr weise und kannst lernen, sein, tun und haben was auch immer du wirklich willst. Vertraue in jedem Moment deinem Herzen. Es kennt deinen Weg. Und ich bin mit meiner ganzen Liebe für dich da. Deine Mama

Danke Keona Joy für dein wundervolles Wesen, deine Schnelligkeit, Klarheit und Weisheit. Es ist so schön, dass du bei uns bist und ich freue mich sehr, dich als deine Mama auf dieser "Reise namens Leben" begleiten zu dürfen. Es ist ein Genuss für mich, dich zu sehen und mit all meinen Fähigkeiten darin zu unterstützen, zu tun was du von Herzen tun willst. Herzlich Willkommen in unserer Familie und auf dieser Welt! Ich bin mit meiner ganzen Liebe für dich da und du kannst lernen, sein, tun und haben was du dir von Herzen wünschst.

Danke, dass ihr eure Schätze mit der Welt teilt:

Tilda & Josua, Kleiner Schleevoigt, Carlos & Oscar, Fae & Rumo, Hedda, Marlena & Flora, Hanna Lene, Helrun & Norwin, Hermine & Edward, Swanhild, Ludwig, Helga & Ingrid, Wilma & Marlind & Irmela, Joas & Frida & Lilly, Frederik, Janosch & Geschwisterchen, Luzie, Janna & Kjell & Kimi, Ludwig & Wilhelm & Alva, Max Christmann, Joel & Liam & Dale, Magdalena & Palina, Milla & Kosmo, Jola, Charlotte & Henriette, Anton, Neela, Lina Eilana, Fiete Leander Schmidt, Mara, Emily, Milena, Patricia Schaub, Sabrina, Lea & Lucy, Mattes, Fabio Marques, Rosa & Tom Knoll, Grit & René, Elke Hohmann, Leefke, Uli Falk, Holly Dorothy Watts & Lottie Rose Watts, Pia & Laura, Scrållan, Frieda Lotte, Felix & Moritz von der Osten, Carla & Vincent, Louis Maria Thill, Thierry Lafontaine, Eva Abert, Lotte & Fitti & Liesi, Nermin & Achim, Aaron, Gaby, Sebastian, Eva, Julian, Meike, Gesa, Magnus & Mia, Mara & Pauline, Angelika, Meli & Andi, Heike, Bärbel & Norbert, Lisanne & Lukas, Andrea & Tobias, Leonidas & Kimonas

Danke liebe*r Leser*in für deine Großartigkeit und danke, dass du eine so besondere und einzigartige Bereicherung für diese Welt bist. Danke, dass du jeden Tag weiter wächst und lernst, denn dein Innerstes strebt immer nach mehr Entfaltung. Du bist so unendlich wertvoll, bewundernswert und liebenswert, genau so, wie du bist.

Wenn du Lust hast, mir ein Feedback zu diesem Buch zu schicken, freue ich mich sehr darüber. Sende es mir gern über diesen Link: www.nanapure.com/lilofeedback

In Liebe
Nana Pure

Über die Autorin

Nana Pure ist Speakerin, Coach und Seminarleiterin. Seit ihrer frühen Kindheit beschäftigt sie sich mit der Frage, wie wir alle dauerhaft erfüllt, glücklich und voller Energie sein können.

Nana unterstützt seit vielen Jahren Menschen dabei, ihr Leben so zu gestalten, wie es sie in ihrem Innersten erfüllt. Durch ihre beiden Töchter rückte die Faszination für eine bewusste und bestärkende Kommunikation mit Kindern ins Zentrum ihrer Aufmerksamkeit. Seitdem setzt sie sich mit inspirierenden Vorträgen und Workshops für ein harmonisches und erfüllendes Miteinander in Familien ein.

Besuche Nana auf Instagram unter **@nanapurecoaching** und unter **www.nanapure.com**

Über den Illustrator

Jerry Drave ist freiberuflicher Künstler aus Hamburg. Als Illustrator und Live Artist zeichnet er sowohl analog als auch digital. Weltweit arbeitet er mit kreativen Menschen zusammen, um mit  seiner Kunst Geschichten und Botschaften zu visualisieren, die inspirieren, ermutigen und unterhalten. Jerry setzt sich aktiv für den Erhalt unserer Umwelt und das Wohl von Tieren ein, um dazu beizutragen, dass wir immer mehr in Harmonie mit unserem Planeten leben.

Finde Jerry auf Instagram unter **@jerrydrave** und unter **www.jerrydrave.com**